Impressum
Verlag: BABADADA GmbH, Nedderfeld 112 , 22529 Hamburg
Geschäftsführer / Verlagsleitung: Harald Hof
Druck: Books on Demand GmbH, In de Tarpen 42, 22848 Norderstedt

Imprint
Publisher: BABADADA GmbH, Nedderfeld 112 , 22529 Hamburg, Germany
Managing Director / Publishing direction: Harald Hof
Print: Books on Demand GmbH, In de Tarpen 42, 22848 Norderstedt

除
kugabanya

186/2

黑板
ikibaho

教室
icyumba k'ishuri

校園
ikibuga cyo gukiniramo

老師
umwarimu

書寫
kwandika

紙
urupapuro

筆
ikaramu

辦公桌
ameza yo kwandikiraho

直尺
iregere

書
igitabo

生
anyeshuri bo mu mashuri abanza

書包
agahago k'ishuri

鉛筆盒
agasanduku k'amakaramu
y'igiti

鉛筆
ikaramu y'igiti

削鉛筆機
tayekereyo

橡皮擦
igome

畫板
ikayi yo gushushanya

圖畫
igishushanyo

畫筆
uburoso bwo gusigisha

顏料盒
agasanduku k'amarangi
y'amabara

剪刀
umukasi

膠水
kore

練習冊
ikayi y'imyitozo

家庭作業
umukoro w'imuhira

數字
umubare

加
guteranya

減
gukuramo

乘
gukuba

計算
kubara

字母
ibaruwa

字母表
inyuguti uko zikurikirana

字
ijambo

課文

umwandiko

讀

gusoma

粉筆

ingwa

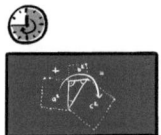

上課

isomo

登記

igitabo cyo
kwiyandikishamo

考試

ikizami

證書

impamyabumenyi

校服

umwambaro w'ishuri

教育

uburezi

百科全書

inkoranyamagambo

大學

kaminuza

顯微鏡

mikorosikope

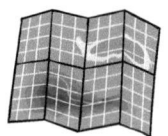

地圖

ikarita

廢紙簍

pubere

飯店
hoteli

Grand

青年旅社
inzu y'amacumbi

外幣兌換處
ku muvunjayi

手提箱
ivarisi

汽車
imodoka

語言
ururimi

是/否
yego / oya

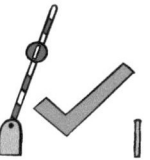

好的
Yego

您好
bite

翻譯人員
umusemuzi

謝謝
Murakoze

......多少錢？

ni angahe...?

我不明白

Sinsobanukiwe

問題

ikibazo

晚上好！

wiriwe!

早上好！

Waramutse

晚安！

Ijoro ryiza

再見

bayi

方向

ikerekezo

行李

imizigo

包

igikapo

背包

igikapo baheka

客人

umushyitsi

房間

icyumba

睡袋

agafuko baryamamo

帳篷

ihema

旅行資訊

amakuru y'ahasurwa na ba mukerarugendo

海灘

ku musenyi wo ku mazi

信用卡

ikarita ya banki

早餐

ifunguro ryo gusamura

午餐

ifunguro rya ku manywa

晚餐

ifunguro rya nimugoroba

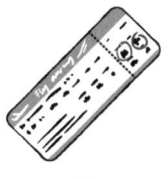

票

itike

電梯

asanseri

郵票

itembure

邊界

umupaka

海關

gasutamo

大使館

ambasade

簽證

viza

護照

pasiporo

gutwara abantu n'ibintu

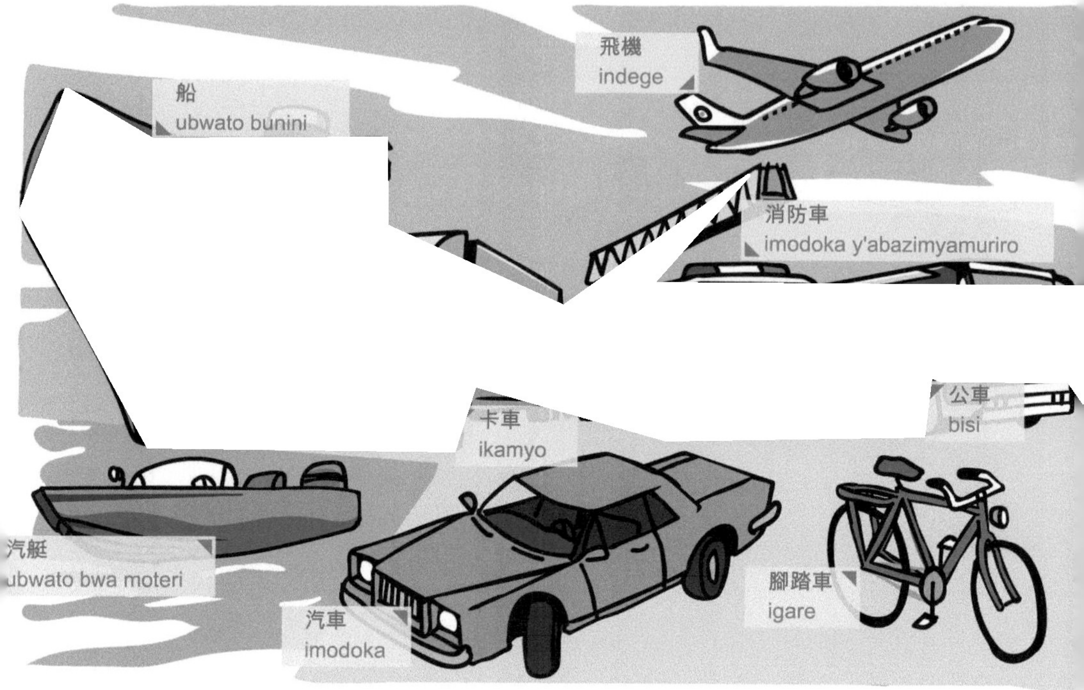

飛機
indege
船
ubwato bunini
消防車
imodoka y'abazimyamuriro
公車
bisi
卡車
ikamyo
汽艇
ubwato bwa moteri
汽車
imodoka
腳踏車
igare

渡輪

ubwato bwambutsa imizigo n'abantu

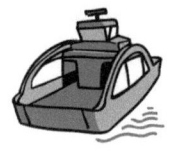

小船

ubwato

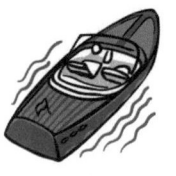

機車

ipikipiki

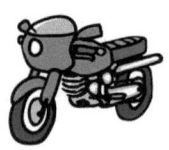

警車

imodoka ya polisi

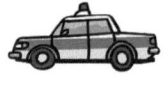

賽車

imodoka ya kuruse

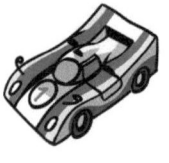

租車

imodoka ikodeshwa

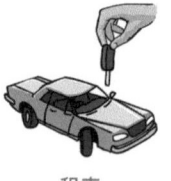

拼車
gusangira imodoka

拖車
imodoka iterura izindi

垃圾車
imodoka iyora imyanda

馬達
moteri

汽油
lisansi

加油站
sitasiyo ya lisansi

交通標識
icyapa kiyobora imodoka

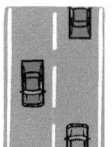

交通
urujya n'uruza rw'imodoka

交通堵塞
ambuteyaje

停車場
parikingi y'imodoka

火車站
gare ya gariyamoshi

軌道
inzira ya gariyamoshi

火車
gariyamoshi

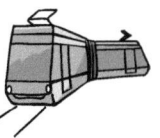

路面電車
bisi ikoresha
amashanyarazi

客車廂
agatete k'imizigo gakururwa
n'imodoka

直升機
kajugujugu

機場
ikibuga k'indege

塔
umunara

乘客
umugenzi

集裝箱
konteneri

紙板箱
ikarito

手推車
akagorofani ko mu iduka

籃子
agaseke

起飛/降落
kuguruka / kururuka

umugi

村莊
umudugudu

市中心
mu mujyi rwagati

房子
inzu

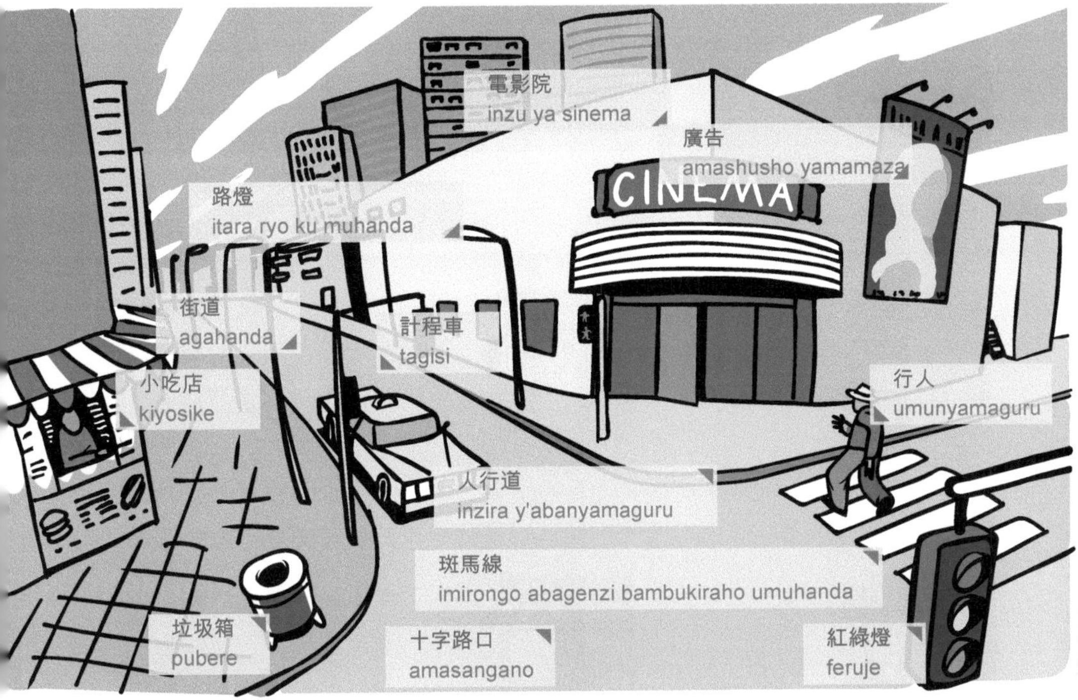
電影院
inzu ya sinema
廣告
amashusho yamamaza
CINEMA
路燈
itara ryo ku muhanda
街道
agahanda
計程車
tagisi
小吃店
kiyosike
行人
umunyamaguru
人行道
inzira y'abanyamaguru
斑馬線
imirongo abagenzi bambukiraho umuhanda
垃圾箱
pubere
十字路口
amasangano
紅綠燈
feruje

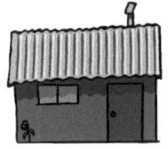

小屋

akaruri

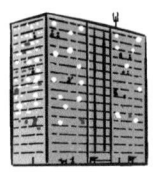

公寓

inzu ifatanye n'izindi

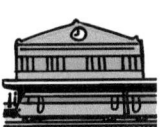

火車站

gare ya gariyamoshi

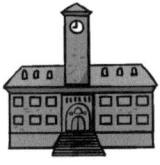

市政廳

ibiro bya meya

MUSEUM

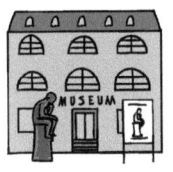

博物館

inzu ndangamurage

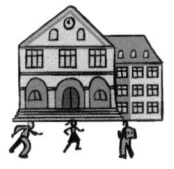

學校

ishuri

大學
kaminuza

銀行
banki

醫院
ibitaro

飯店
hoteli

藥房
farumasi

辦公室
ibiro

書店
inzu bagurishirizamo ibitabo

商店
iduka

花店
umucuruzi w'indabo

超市
amangazini manini

市場
isoko

百貨商店
idepo

魚店
umucuruzi w'amafi

購物中心
iduka rinini

海港
icyambu

公園
parike

長凳
intebe y'urubaho

橋
iteme

樓梯
amadarajya

捷運
inzira yo munsi y'ubutaka

隧道
umuhanda wo munsi
y'ubutaka

公車站
icyapa cya bisi

酒吧
bare

餐館
resitora

郵筒
agasanduku k'amabaruwa

路標
icyapa cyo ku muhanda

停車計時器
mubazi ya parikingi

動物園
zoo

游泳池
pisine

清真寺
umusigiti

農場
ifamu

污染
kwangiza umwuka

墓地
irimbi

教堂
ikiriziya

操場
ikibuga k'imikino

寺廟
urusengero

umurambi

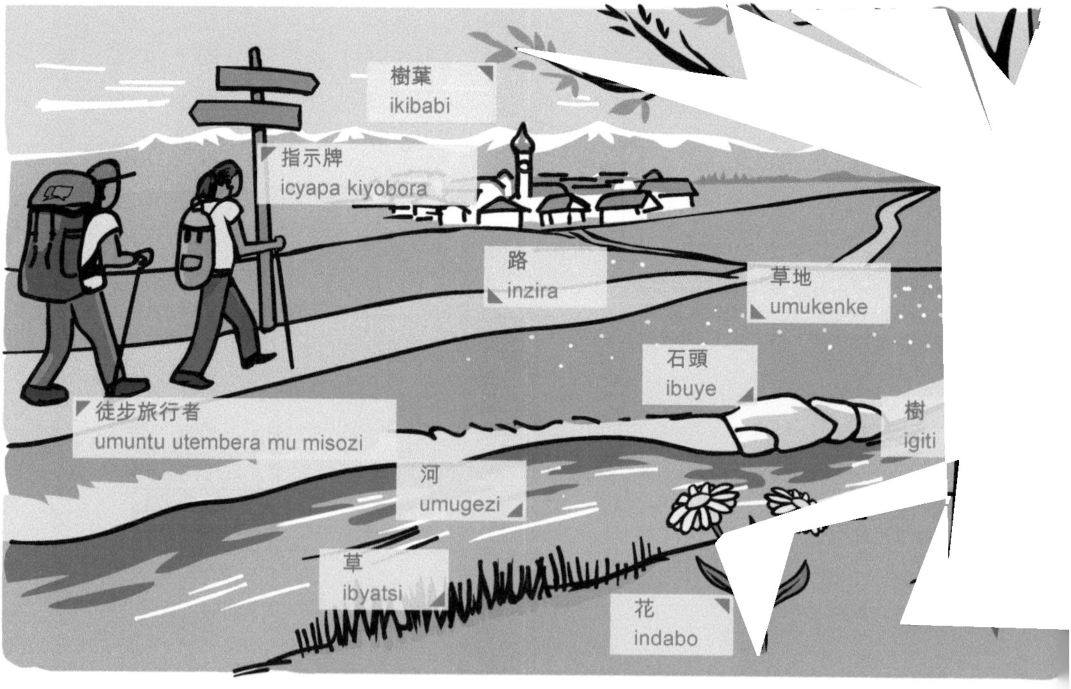

樹葉
ikibabi

指示牌
icyapa kiyobora

路
inzira

草地
umukenke

石頭
ibuye

樹
igiti

徒步旅行者
umuntu utembera mu misozi

河
umugezi

草
ibyatsi

花
indabo

峡谷

ikibaya

丘陵

agasozi

湖

ikiyaga

森林

ishyamba

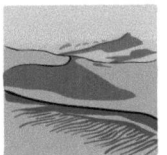

沙漠

ubutayu

火山

ikirunga

城堡

ingoro

彩虹

umukororombya

蘑菇

icyobo

棕櫚樹

ikigazi

蚊子

umubu

蒼蠅

isazi

螞蟻

intozi

蜜蜂

uruyuki

蜘蛛

igitagangurirwa

甲蟲
ikivumvuri

青蛙
igikeri

松鼠
inkima

刺蝟
imbuni

野兔
urukwavu

貓頭鷹
igihunyira

鳥
inyoni

天鵝
igishuhe

野豬
isatura

鹿
ingeragere

麋鹿
impongo

水壩
urugomero

風力發電機
igipanga kikaraga kikazana
umuyaga

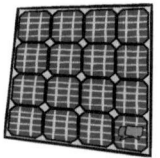

太陽能電池板
urubaho rukurura imirasire

氣候
ikirere

地形 - umurambi

服務生
umuseriveri

菜譜
ibiryo byateguwe

椅子
intebe

湯
isupu

披薩餅
piza

餐具
ibikoresho byo kumeza

桌布
igitambaro cyo gutegura ku meza

前菜
aperitifu

主菜
isahani nkuru

甜點
deseri

飲料
ibinyobwa

食物
ibiribwa

瓶子
icupa

速食

ibiryo barya bagenda

街邊小吃

ibiryo byo kumuhanda

茶壺

ibirika y'icyayi

糖盒

agakombe k'isukari

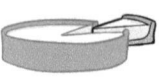

一份飯菜

isahani y'ibiryo

義式咖啡機

imashini y'ikawa ya
esipereso

高腳椅

intebe ndende

帳單

inyemezabuguzi

托盤

ipurato

刀

icyuma

餐叉

ikanya

勺子

ikiyiko

茶匙

akayiko k'icyayi

餐巾

seriviyete

玻璃杯

ikirahure cyo kunywesha

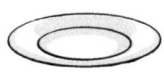

碟子
isahani

湯盤
isahani y'isupu

碟子
agasutasi

醬
isosi

鹽瓶
agacupa k'umunyu

胡椒研磨罐
agasekuru k'urusenda

醋
vinegere

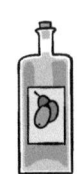

食用油
amavuta

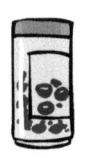

調味料
ibirunge

番茄醬
kecapu

芥末
mutaride

美乃滋
mayonezi

amangazini manini

特價
igiciro kidasanzwe
FOR
顧客
umukiriya
乳製品
ibiva mu mata
水果
imbuto
購物車
akagorofani ko mu iduka

BUTCHERS

肉鋪

busheri

BAKERY

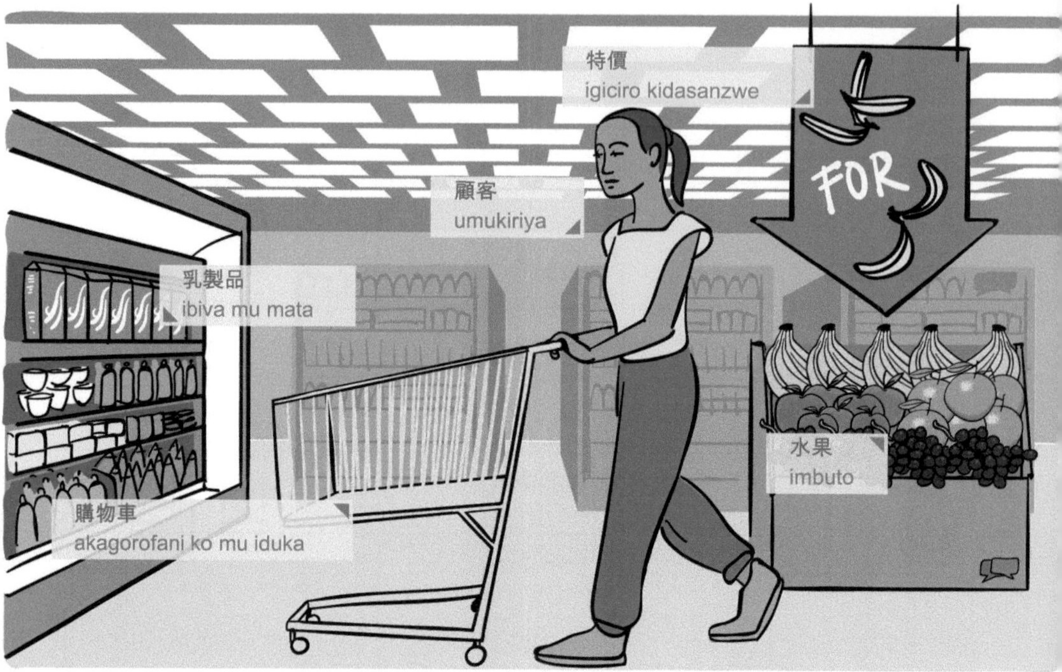

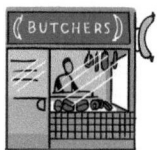

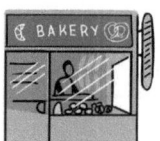

麵包店

buranjeri

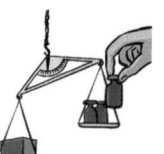

稱重

gupima ibiro

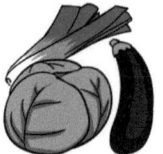

蔬菜

imboga

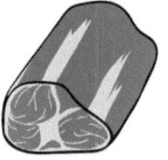

肉

inyama

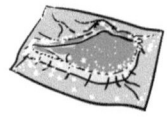

冷凍食品

ibiryo bakonjesheje

冷盤

inyama zikonje

罐頭食品

ibiryo byo mu makopo

洗衣粉

isabune y'ifu

甜食

bombo

日用品

ibikoresho byo mu rugo

清潔用品

imiti isukura

銷售員

umucuruzikazi

收銀機

kukesa

收銀員

umubitsi

購物清單

urutonde rwo guhaha

開放時間

amasaha haba hafunguye

錢包

ipotomoni

信用卡

ikarita ya banki

袋子

umufuka

塑膠袋

imifuko ya pulasitike

水

amazi

果汁

umutobe

牛奶

amata

可樂

koka

紅酒

divayi

啤酒

byeri

酒

inzoga

可可

shokora ishyushye

茶

icyayi

咖啡

ikawa

義式濃縮咖啡

ikawa ya esipereso

卡布奇諾

kapucino

香蕉

umuneke

蘋果

pome

柳丁

icunga

西瓜

wotameloni

檸檬

indimu

胡蘿蔔

karoti

大蒜

tungurusumu

竹子

umugano

洋蔥

urutunguru

蘑菇

icyoba

堅果

ubunyobwa

麵條

amakaroni

義大利麵

spageti

米飯

umuceri

沙拉

salade

薯條

udufiriti

炸馬鈴薯

ibirayi by'ifiriti

披薩餅

piza

漢堡

hamburugeri

三明治

sanduwici

炸豬排

escalope

火腿

jambo

義大利臘腸

salami

香腸

sosiso

雞肉

inkoko

烤肉

kotsa

魚

ifi

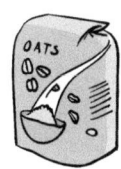

燕麥片

igikoma cy'uburo

木斯里

pisitashi

玉米片

impeke

麵粉

ifu

牛角麵包

kuruwasa

麵包捲

amandazi

麵包

umugati

吐司

umugati wumishijwe

餅乾

ibisuguti

奶油

amavuta

凝乳

forumaje year

蛋糕

keke

蛋

igi

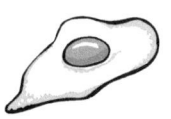

煎蛋

umureti

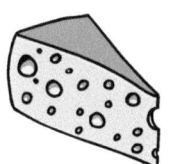

起司

forumaje

冰淇淋

ayisikirimu

糖

isukari

蜂蜜

ubuki

果醬

konfitire

巧克力醬

shokora

咖哩

kiri

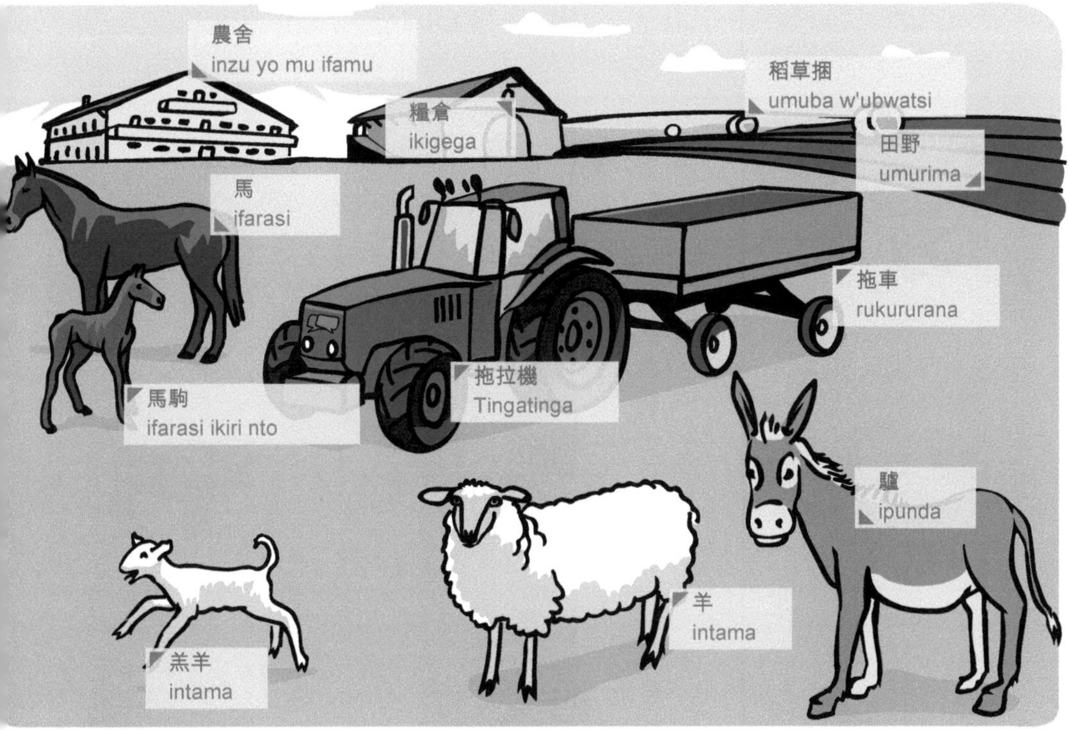

農舍
inzu yo mu ifamu

稻草捆
umuba w'ubwatsi

糧倉
ikigega

田野
umurima

馬
ifarasi

拖車
rukururana

拖拉機
Tingatinga

馬駒
ifarasi ikiri nto

驢
ipunda

羊
intama

羔羊
intama

山羊
ihene

奶牛
inka

小牛
umutavu

豬
ingurube

小豬
ikibwana k'ingurube

公牛
ikimasa

鵝
igishuhe

鴨
imbata

小雞
umushwi

母雞
inkokokazi

公雞
isake

鼠
imbeba

貓
injangwe

老鼠
imbeba

牛
ikimasa

狗
imbwa

狗屋
ikiruka

花園澆水軟管
itiyo ijyana mu karima

澆水壺
arozuwari

長柄大鐮刀
najuru

犁
imashini ihinga

鐮刀

najuru

鋤頭

isuka

長柄草耙

rato

斧頭

ishoka

獨輪手推車

ingorofani

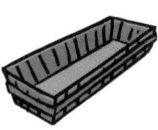

飼料槽

ikibumbiro

牛奶罐

inkongoro

麻布袋

igunira

柵欄

urugo

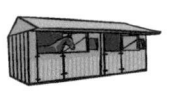

馬廄

ikiraro

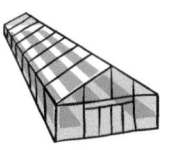

溫室

inzu ihingwamo

土壤

ubutaka

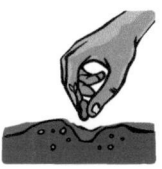

種子

imbuto zo gutera

肥料

ifumbire

聯合收割機

imashini isarura

收割
gusarura

收割
umusaruro

地瓜
ibikoro

小麥
ingano

大豆
soya

土豆
ikirayi

玉米
ikigori

油菜籽
umwayi weze

果樹
igiti k'imbuto

樹薯
umwumbati

穀物
impeke

煙囪
shemine

屋頂
igisenge

落水管
umureko

窗戶
idirishya

車庫
igaraji

門鈴
inzogera yo ku muryango

門
umuryango

垃圾桶
pubere

信箱
agasanduku k'amabaruwa

花園
ubusitani

客廳

icyumba cy'uruganiriro

浴室

ubwogero

廚房

igikoni

臥室

icyumba cyo kuraramo

兒童房

icyumba cy'abana

餐廳

uburiro

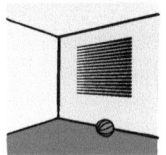

地板
hasi

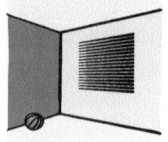

牆壁
urukuta

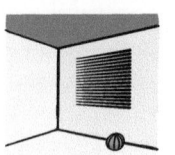

天花板
purafo

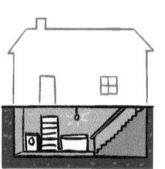

地窖
kave

三溫暖
sawuna

陽臺
urubaraza

露臺
ku rubaraza

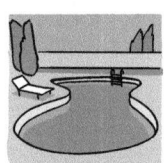

游泳池
pisine

割草機
imashini ikupakupa

被單
umwenda utwikira

床罩
kuvureri

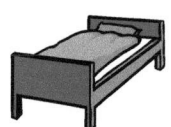

床
igitanda

掃帚
umweyo

水桶
indobo

開關
enteributeri

icyumba cy'uruganiriro

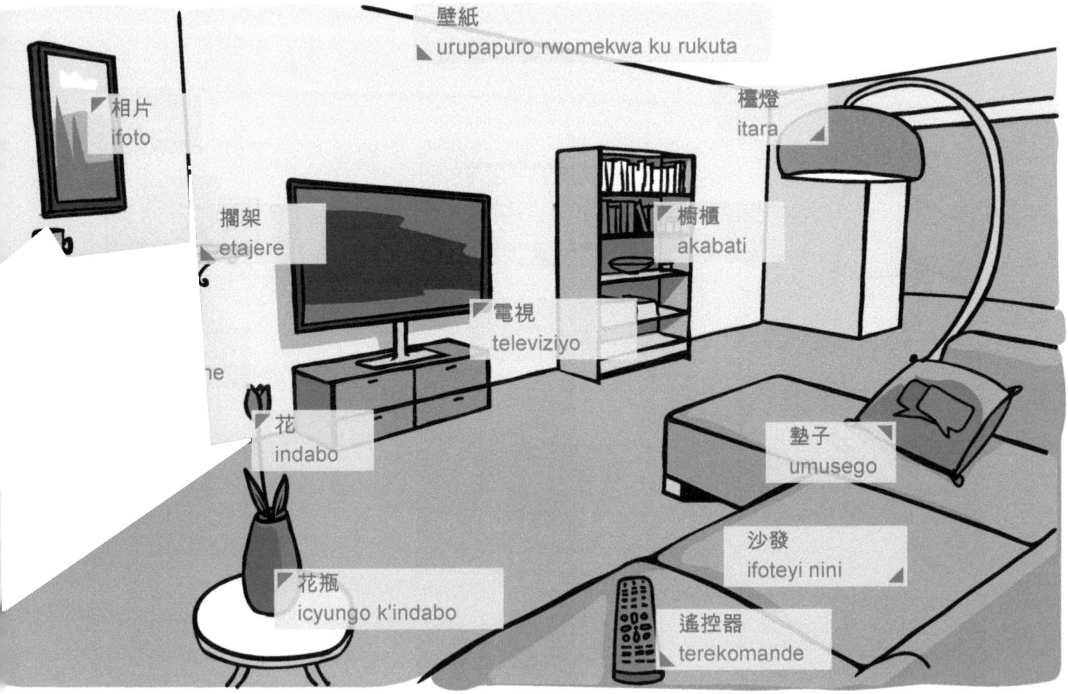
壁紙
urupapuro rwomekwa ku rukuta
相片
ifoto
檯燈
itara
擱架
etajere
櫥櫃
akabati
電視
televiziyo
花
indabo
墊子
umusego
沙發
ifoteyi nini
花瓶
icyungo k'indabo
遙控器
terekomande

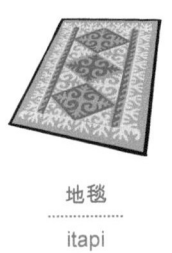

地毯

itapi

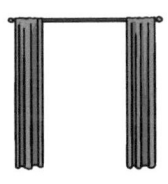

窗簾

rido

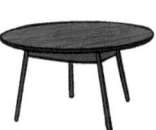

餐桌

ameza

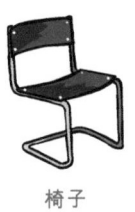

椅子

intebe

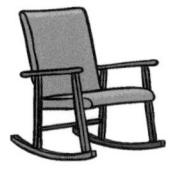

搖椅

intebe yizengurutsa

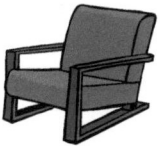

扶手椅

ifoteyi

書
....
igitabo

毯子
....
uburingiti

裝飾品
....
umutako

木柴
....
inkwi

電影
....
filimi

高傳真音響
....
ibikoresho bya hifi

鑰匙
....
urufunguzo

報紙
....
ikinyamakuru

油畫
....
ishusho

海報
....
icyapa

收音機
....
iradiyo

筆記本
....
ikarine

吸塵器
....
umweyo wa kizungu
ukoresha umwka

仙人掌
....
ikimungu

蠟燭
....
buji

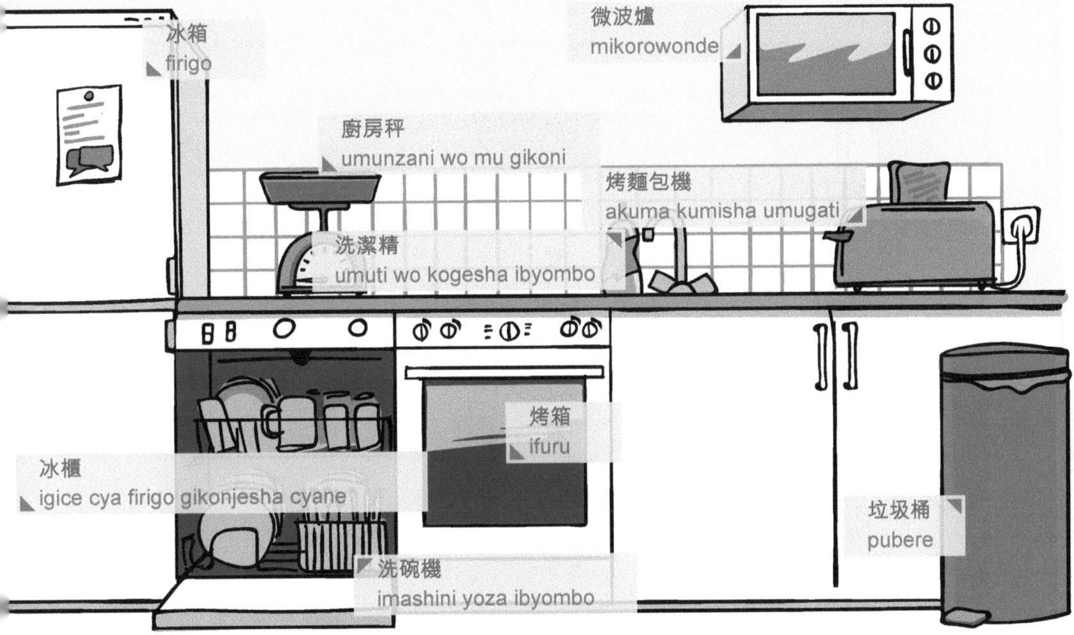

微波爐
mikorowonde

冰箱
firigo

廚房秤
umunzani wo mu gikoni

烤麵包機
akuma kumisha umugati

洗潔精
umuti wo kogesha ibyombo

冰櫃
igice cya firigo gikonjesha cyane

烤箱
ifuru

垃圾桶
pubere

洗碗機
imashini yoza ibyombo

炊具
iziko

鍋
icyungo

鑄鐵鍋
inkono y'icyuma

炒鍋
ipanu ifukuye cyane

平底鍋
ipanu

水壺
ibirika

蒸鍋
isafuriya ya peresiyo

烤盤
isahani yo mu ifuru

陶瓷鍋
ibyombo

馬克杯
igikombe

碗
isorori

筷子
uduti abashinwa barisha

長柄勺
ikiyiko kigabura

鏟子
Ikiyiko cyarura ifiriti

攪拌器
umutozo

濾網
paswari

篩子
akayunguruzo

磨碎機
agaharuzo ka karoti

研缽
isekuru

燒烤
icyokezo

明火
shomine

菜板
akabaho ko gukatiraho imboga

擀麵杖
umwuko

開瓶器
urufunguzo rwa divayi

罐子
agakopo

開罐器
urufunguzo rw'amakopo

隔熱手套
umukondo w'icyungo

水槽
ravabo

刷子
uburoso

海綿
iponji

攪拌機
mixer

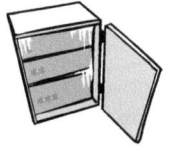

冷藏箱
firigo itambitse

奶瓶
bibero

水龍頭
robine

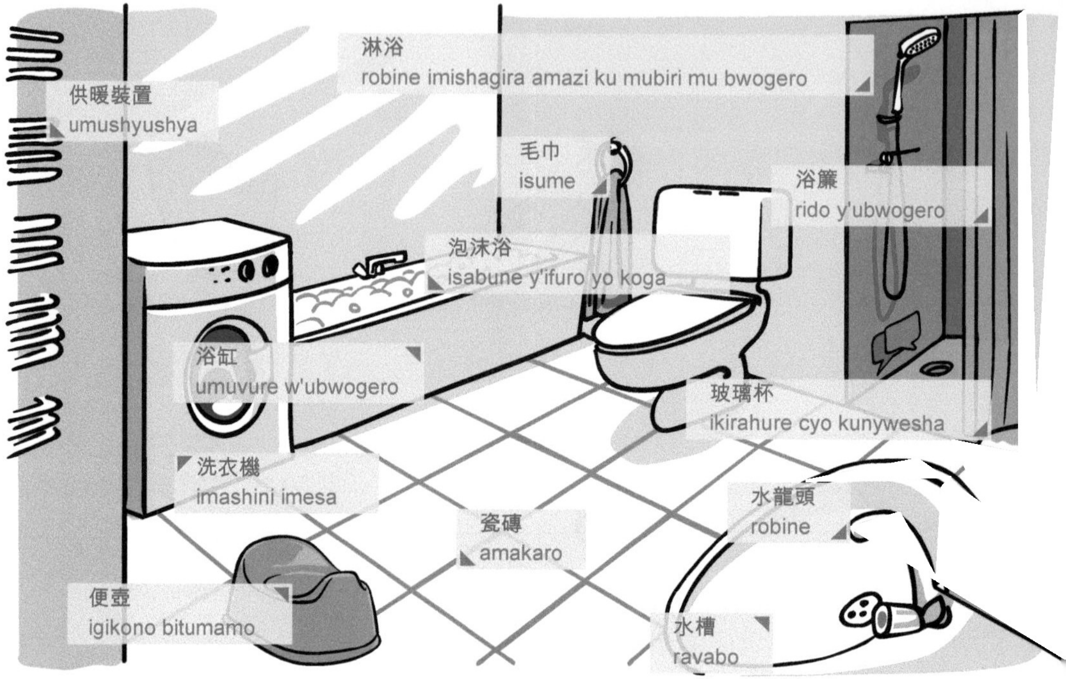

淋浴
robine imishagira amazi ku mubiri mu bwogero

供暖裝置
umushyushya

毛巾
isume

浴簾
rido y'ubwogero

泡沫浴
isabune y'ifuro yo koga

浴缸
umuvure w'ubwogero

玻璃杯
ikirahure cyo kunywesha

洗衣機
imashini imesa

瓷磚
amakaro

水龍頭
robine

便壺
igikono bitumamo

水槽
ravabo

廁所
ubwiherero

蹲便器
umusarani wo gusutama

坐浴器
igikono cy'ubwiherero bwo mu nzu

小便斗
aho bihagarika

廁紙
papiyejenike

馬桶刷
uburoso bwo mu bwiherero

牙刷

uburoso bw'amenyo

牙膏

korogati

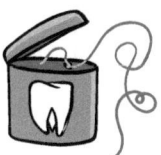

牙線

akagozi ko kwihaganyuza
amenyo

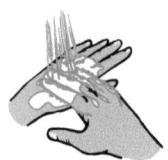

洗

gukaraba

手持式蓮蓬頭

akamishagira amazi ku
mubiri bafata mu ntoki

沖洗器

ubwogero bw'amazi yisuka

洗臉盆

lavabo bakarabiramo intoki

洗背刷

uburoso bwo kwitsiritisha
mu mugongo

肥皂

isabune

沐浴露

isabune yo mu bwogero

洗髮乳

isabune yo kumeshesha
umusatsi

法蘭絨

icyangwe cyo kwiyuhagiza

排水

kuyobora amazi yanduye

乳霜

ikimuri

除臭劑

umubavu

鏡子

ikirori cyo mu ntoki

手鏡

ikirori cyo mu ntoki

刮鬍刀

urwembe

刮鬍泡沫

ifuro ryo kurinda imiburu

鬍後水

umuti ukingira imiburu

梳子

igisokozo

刷子

uburoso

吹風機

imashini yumisha umusatsi

噴髮定型劑

amarashi y'umusatsi

化妝品

igishahuro cyo kwitera

唇膏

rujalevure

指甲油

verini y'inzara

化妝棉

ipamba

指甲剪

agasena inzara

香水

umubavu

洗漱包

agafuka k'ibikoresho byo
mu bwogero

凳子

intebe

計重秤

umunzani

浴袍

ikanzu yo kujyana mu
bwogero

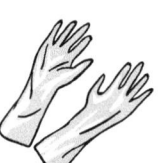

橡膠手套

udupfukantoki two
gusukuza

衛生棉條

urubindo

衛生棉

udupapuro two
kwihanaguza mu bwiherero

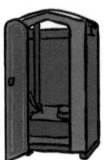

化學廁所

ubwiherero bwimukanwa

icyumba cy'abana

鬧鐘
inzogera y'isaha ikangura
毛絨玩具
igipupe gikoze mu myenda
玩具車
udukinisho tw'imodoka
撥浪鼓
ikinyuguri
玩具屋
inzu y'ibipupe
禮物
impano

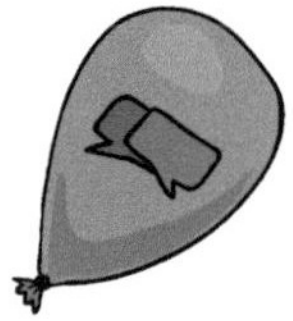

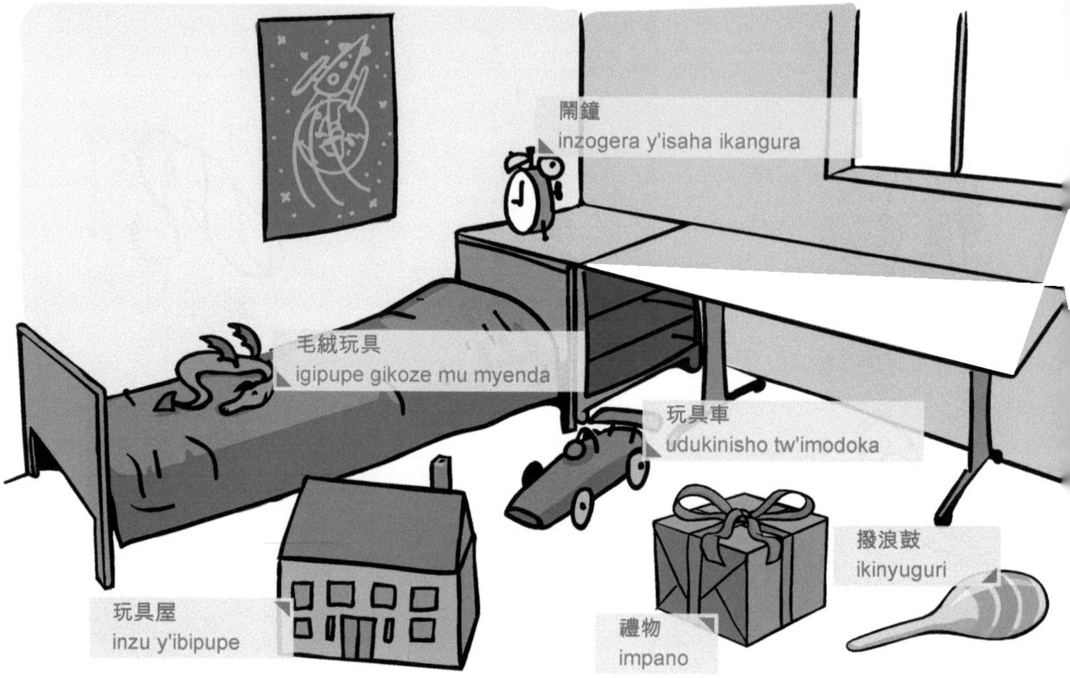

氣球

ballon

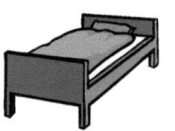

床

igitanda

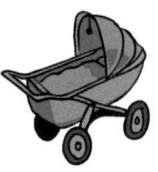

嬰兒車

agapusipusi

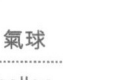

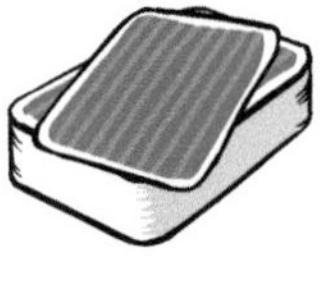

撲克牌

amakarita

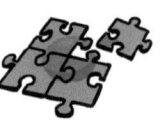

拼圖

kubaka ishusho bacagaguye

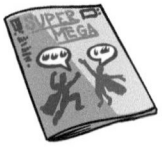

漫畫

inkuru isetsa

樂高積木

gucomekanya udutafari

積木玩具

udutafari tw'udukinisho

公仔

igikinisho

嬰兒服

ipinjama y'uruhinja

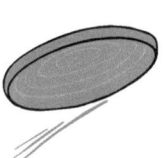

飛盤

gutera indege

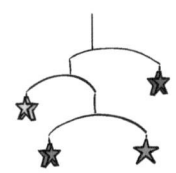

床鈴玩具

terefoni ngendanwa

棋盤遊戲

imikino yo kuganiriraho

骰子

igisoro

火車模型

gariyamoshi y'igikinisho

安撫奶嘴

ikinyonyo

派對

umunsi mukuru

繪本

arubumu

球

umupira

洋娃娃

agapupe

玩

gukina

兒童房 - icyumba cy'abana

沙坑

igikarito cy'umucanga

鞦韆

urwicundo

玩具

ibikinisho

電玩遊戲

agasanduku k'imikino yo kuri videwo

三輪車

akagare k'imipine itatu

泰迪熊

igipupe k'ibyoya

衣櫃

akabati k'imyenda

imyambaro

襪子

amasogisi

長襪

amasogisi afatanye n'ikariso

緊身褲

kora

圍巾
akitero

雨傘
umutaka

皮帶
umukandara

T恤
agapira ko hejuru

靴子
bote

拖鞋
inkweto zo kubyukan

運動鞋
superese

涼鞋
isandari

鞋
inkweto

雨靴
bote za kawucu

內褲
imyenda y'imbere

胸罩
isutiye

背心
isengeri

身體

body

褲子

ipantalo

牛仔褲

ikoboyi

短裙

ijipo

女式襯衫

ishati y'abagore

襯衫

ishati

套頭衫

umupira w'imbeho

連帽上衣

umupira w'ingofero

西裝夾克

agakoti

夾克

ijaketi

外套

ikoti

雨衣

ikoti ry'imvura

套裝

umwambaro w'ibikino

連衣裙

ikanzu

婚紗

ikanzu y'abageni

西裝

kostitimu

睡袍

ikanzu yo kurarana

睡衣

ipinjama

莎麗

umukenyero w'abahindikazi

頭巾

igitambaro cyo mu mutwe

包頭巾

urugori

波卡

umwitandiro uhisha isura

卡夫坦

ikanzu ndende

(阿拉伯式)長袍

igishura

泳衣

imyenda yo
kwidumbaguzanya

男式泳褲

ikariso yo
kwidumbaguzanya

短褲

ikabutura

運動服

tereningi

圍裙

itaburiya

手套

udupfukantoki

鈕扣
igipesu

眼鏡
amadarubindi

手鏈
igikomo

項鍊
umukufi

戒指
impeta

耳環
iherena

便帽
ingofero

衣架
porutemanto

帽子
ingofero

領帶
karuvati

拉鍊
imashini yo ku mwenda

安全帽
kasike

背帶
amaburuteri

校服
umwambaro w'ishuri

制服
impuzankano

圍兜

agakingirankonda

安撫奶嘴

ikinyonyo

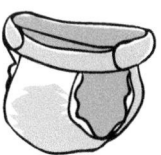

尿布

amaranje

伺服器
seriveri

檔案櫃
akabati k'impapuro

印表機
ante

紙
urupapuro

螢幕
ekara

辦公桌
ameza yo kwandikiraho

滑鼠
suri

鍵盤
raviye

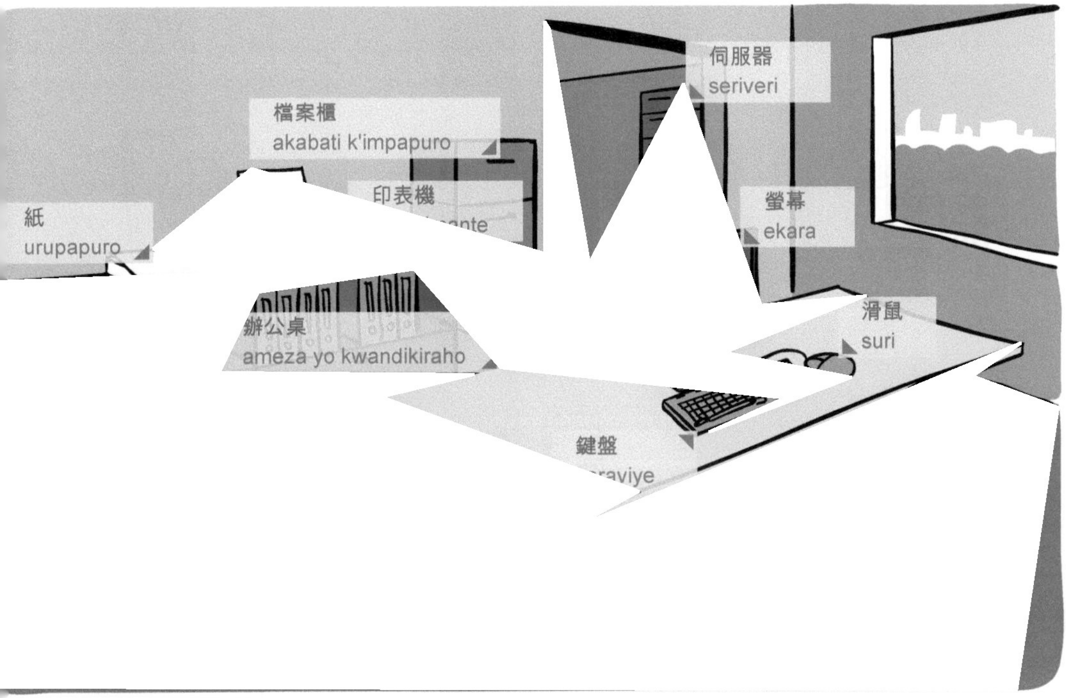

咖啡杯

igikombe k'ikawa

計算機

akabarisho

網際網路

enterineti

筆記型電腦

laputopu

信件

ibaruwa

簡訊

ubutumwa

行動電話

ngendanwa

網路

netiwake

影印機

fotokopiyeze

軟體

porogaramu

電話

telefoni

插座

purize

傳真機

imashini yohereza fagisi

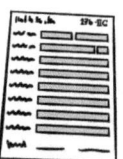

表格

fomu

檔案

inyandiko

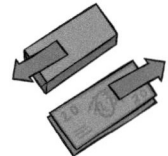

買

kugura

付錢

kwishyura

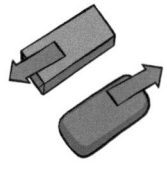

交易

gucuruza

現金

amafaranga

美元

idorari

歐元

iyero

日元

iyeni

盧布

irubure

瑞士法郎

ifaranga ry'irisuwisi

人民幣

iriyuwani

盧比

irupi

提款處

icyuma cya banki
babikurizaho

外幣兌換處

ku muvunjayi

金

zahabu

銀

feza

石油

peteroli

能源

ingufu z'amashanyarazi

價格

igiciro

合約

kontaro

稅金

tagisi

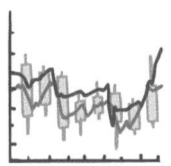

股票

isoko ryo kugura no
kugurisha

工作

gukora

職員

umukozi

老闆

umukoresha

工廠

uruganda

商店

iduka

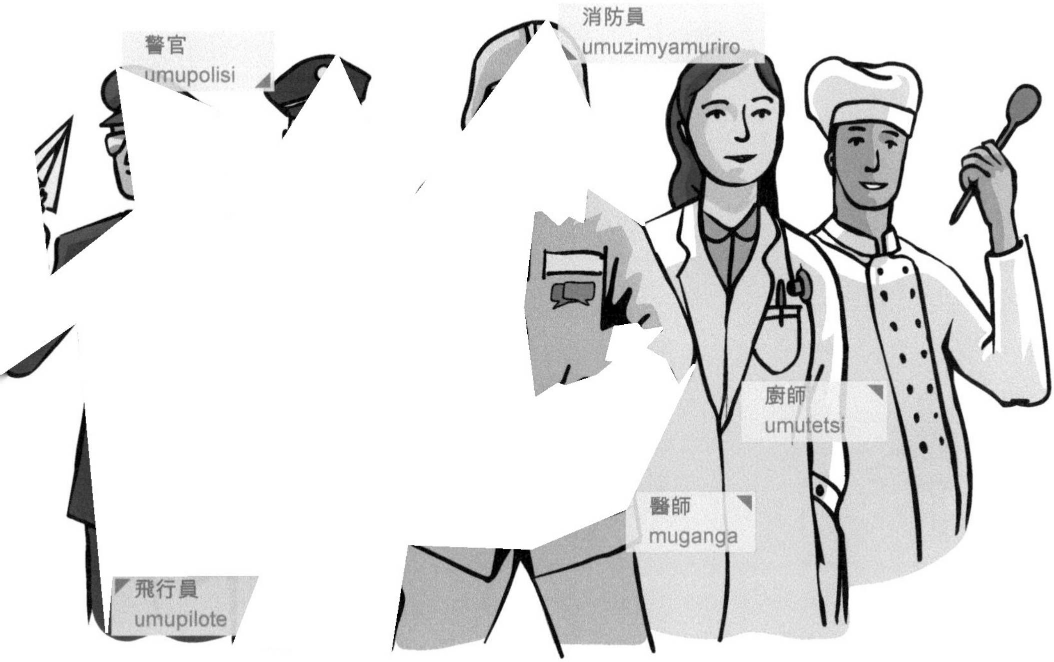

警官
umupolisi

消防員
umuzimyamuriro

廚師
umutetsi

醫師
muganga

飛行員
umupilote

園丁

umujaridiniye

木匠

umubaji

裁縫

umudozi

法官

umucamanza

化學家

umunyabutabire

演員

umukinnyi wa filimi

公車司機

umushoferi wa bisi

計程車司機

umushoferi wa tagisi

漁夫

umurobyi

清洗女工

umugore ushinzwe gukora isuku

屋頂工

umufundi usakara

服務生

umuseriveri

獵人

umuhigi

畫家

umuntu usiga irangi

麵包師

Umuntu ukora imigati

電工

Umuntu ukora mu mashanyarazi

建築工人

umufundi

工程師

injenyeri

屠夫

umubazi

水管工

umutnu ukora mu mazi

郵差

umuparanto

士兵
umusirikare

建築師
umwubatsi

收銀員
umubitsi

花農
muntu ukora mu by'indabo

理髮師
kimyozi

售票員
komvuwayeri

機械技師
umukanishi

船長
kapiteni

牙醫
muganga w'amenyo

科學家
umuhanga muri siyansi

拉比
rabi

伊瑪目
imamu

和尚
umumwane

牧師
umuyobozi w'idini

ibikoresho

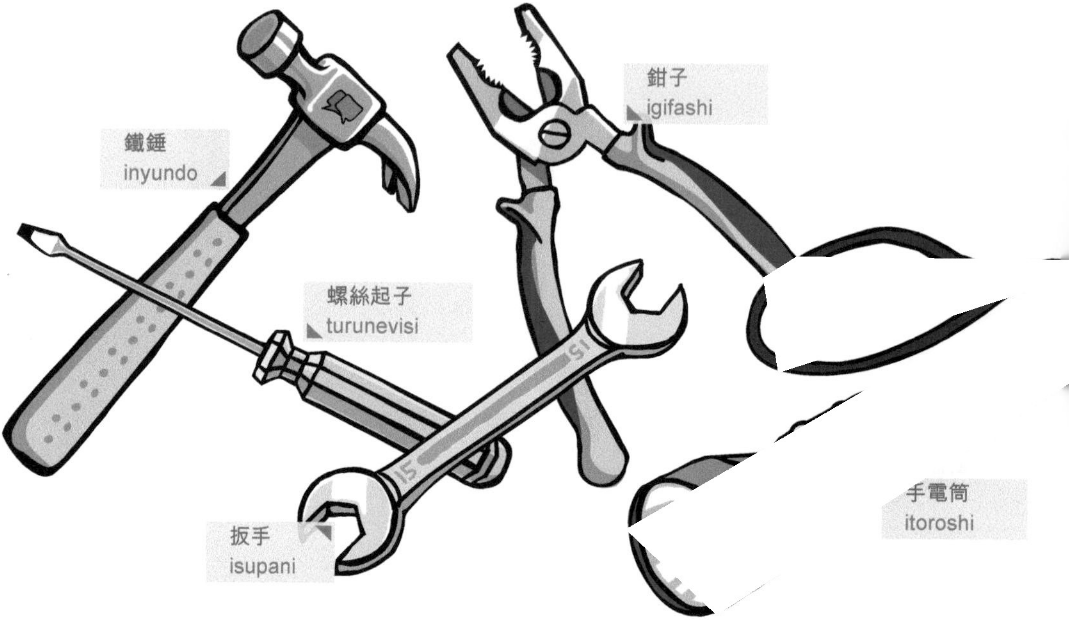
鐵錘
inyundo
鉗子
igifashi
螺絲起子
turunevisi
扳手
isupani
手電筒
itoroshi

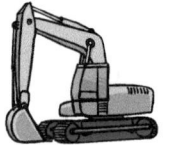

挖掘機
ipiki

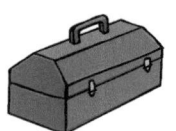

工具箱
isanduku y'ibikoresho

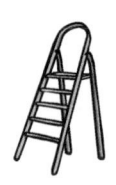

梯子
urwego

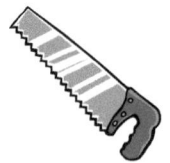

鋸子
urukero

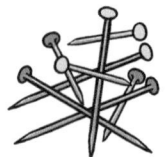

釘子
imisumari

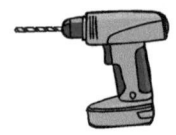

鑽機
itindo

修
gusana

鏟子
igitiyo

糟糕！
wo gacwa we

畚箕
igitiyo

油漆桶
igikombe k'irangi

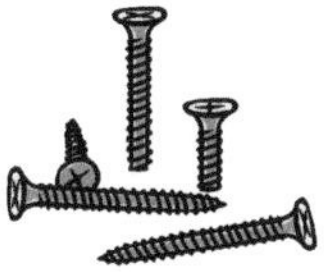

螺絲
amavisi

ibyuma by'umuziki

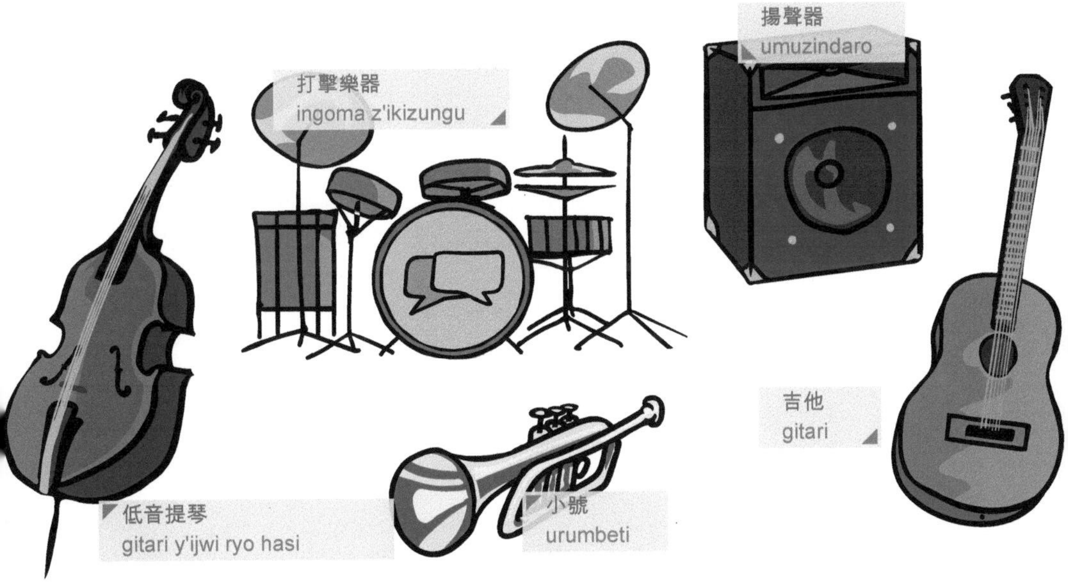

打擊樂器
ingoma z'ikizungu

揚聲器
umuzindaro

吉他
gitari

低音提琴
gitari y'ijwi ryo hasi

小號
urumbeti

鋼琴
piyano

小提琴
iningiri

貝斯
gitari idunda

定音鼓
sembare

鼓
ingoma

電子琴
inanga ya kizungu

薩克斯風
sagisofone

長笛
umwirongi

麥克風
indangururamajwi

老虎
igitaragwe

入口
umuryango

籠子
ikibuti

斑馬
imparage

動物飼料
ibiryo by'amatungo

熊貓
panda

動物

inyamaswa

大象

inzovu

袋鼠

kanguru

犀牛

inkura

大猩猩

ingagi

熊

idubu

駱駝

ingamiya

鴕鳥

imbuni

獅子

intare

猴子

inguge

紅鶴

uruyongoyongo

鸚鵡

gasuku

北極熊

idubu yo mu bukonie

企鵝

inyoni yo ku mazi

鯊魚

igifi kinini

孔雀

inyoni y'amasunzu

蛇

inzoka

鱷魚

ingona

動物園管理員

umurinzi

海豹

umuhuri

美洲豹

ingwe

矮種馬

icyana k'ifarasi

豹

ingwe

河馬

imvubu

長頸鹿

umusumbarembo

老鷹

inkona

野豬

isatura

魚

ifi

龜

akanyamasyo

海象

igifi k'imikaka

狐狸

umuhari

羚羊

isha

橄欖球
Futuboro y'abanyamerika

騎腳踏車
gusiganwa ku magare

網球
tenisi

籃球
Basiketi

游泳
umukino wo koga

拳擊
umukino w'amakofe

冰球
Hoke yo ku rubura

美式足球
umupira w'amaguru

羽毛球
umukino wa badminton

田徑
abakina imikino
ngororamubiri

手球
handibolo

滑雪
guserereka kuri neje

馬球
polo

跳
gusimbuka

擁抱
guhobera

笑
guseka

走路
kugenda

唱
kuririmba

做夢
kurota

祈禱
gusenga

親吻
gusomana

書寫
kwandika

畫
gushushanya

展示
kwerekana

推
gusunika

給
gutanga

拿
gufata

有
kugira

做
gukora

當
kuba

站
guhaguruka

跑
kwiruka

拉
gukurura

丟
kujugunya

摔倒
kugwa

躺
kuryama

等待
gutegereza

攜帶
kwikorera

坐
kwicara

穿衣
kwambara

睡覺
gusinzira

醒來
gukanguka

看
kureba

哭
kurira

擊
kwagaza

梳頭
gusokoza

交談
kuvuga

明白
gusobanukirwa

問
kubaza

聽
kumva

喝
kunywa

吃
kurya

清理
gushyira ku murongo

愛
gukunda

做飯
guteka

開車
gutwara imodoka

飛
kuguruka

活動 - ibikorwa

65

航行

kugashya

計算

kubara

讀

gusoma

學習

kwiga

工作

gukora

結婚

kurongora

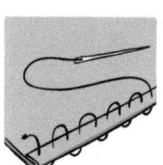

縫

kudoda

刷牙

uburoso bw'amenyo

殺

kwica

抽菸

kunywa itabi

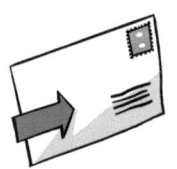

寄

kohereza

祖母
nyogokuru

祖父
sogokuru

父親
papa

母親
mama

嬰兒
uruhinja

女兒
umwana w'umukobwa

兒子
umwana w'umuhungu

客人
umushyitsi

阿姨
masenge

叔叔
marume

兄弟
musaza wange

姐妹
mushiki wange

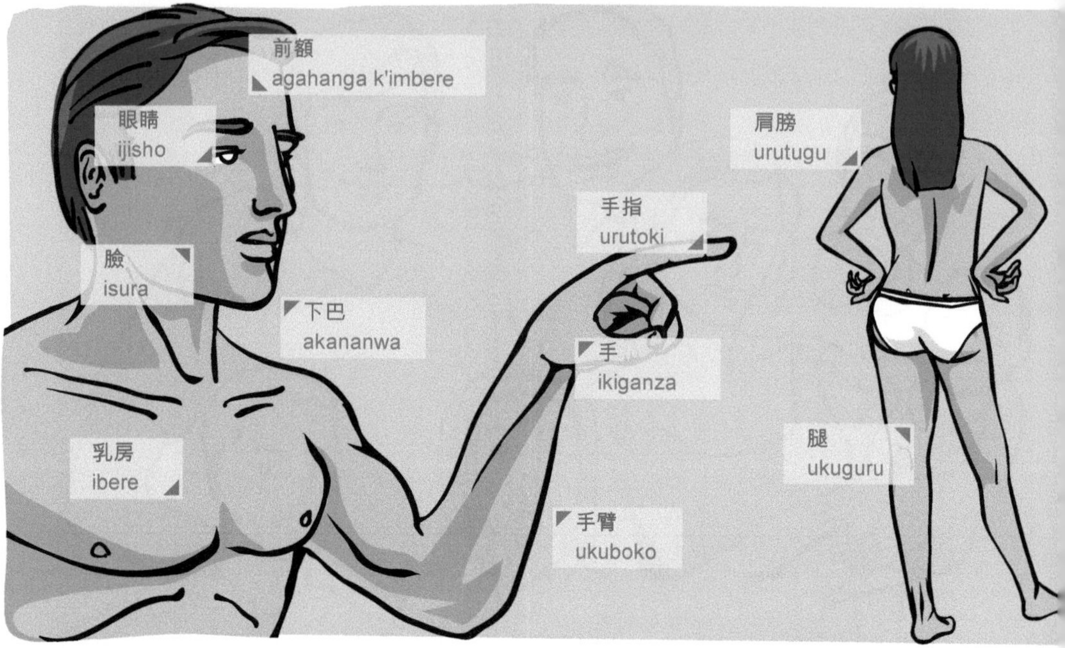

前額
agahanga k'imbere

眼睛
ijisho

臉
isura

下巴
akananwa

乳房
ibere

肩膀
urutugu

手指
urutoki

手
ikiganza

手臂
ukuboko

腿
ukuguru

嬰兒
uruhinja

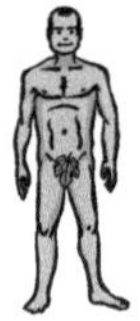

男人
umugabo

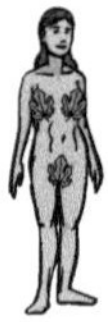

女人
umugore

女孩
umukobwa

男孩
umuhungu

頭
umutwe

背部
umugongo

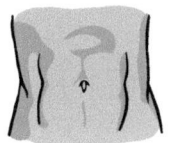

肚子
inda

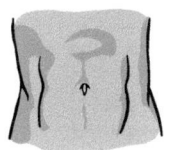

肚臍
umukondo

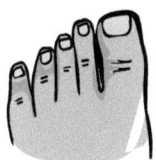

腳趾
ino

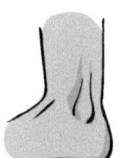

腳後跟
agatsinsino

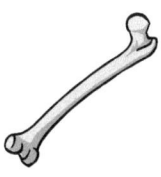

骨頭
igufa

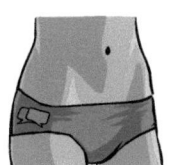

臀部
amayunguyungu

膝蓋
ivi

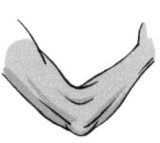

手肘
inkokora

鼻子
izuru

屁股
ikibuno

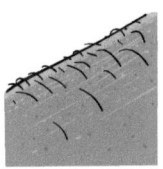

皮膚
uruhu

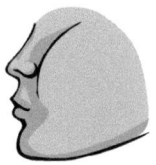

臉頰
itama

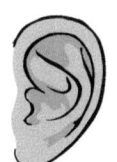

耳朵
ugutwi

嘴唇
umunwa

嘴
mu munwa

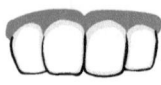

牙齒
iryinyo

舌頭
ururimi

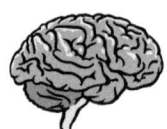

腦
ubwonko

心臟
umutima

肌肉
umutsi

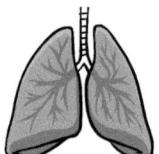

肺
ibihaha

肝臟
umwijima

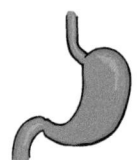

胃
igifu

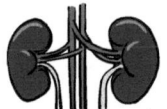

腎臟
impyiko

性交
igitsina

保險套
agakingirizo

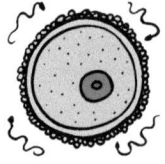

卵子
intanga

精子
amasohoro

懷孕
gusama inda

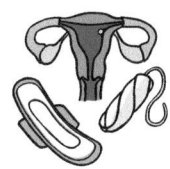

月事

imihango

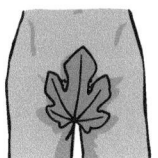

陰道

igituba

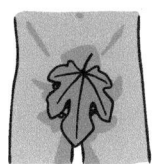

陰莖

imboro

眉毛

ibitsike

頭髮

umusatsi

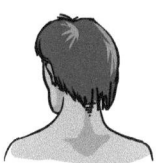

脖子

ijosi

ibitaro

醫院
ibitaro
骨折
kuvunika igufa

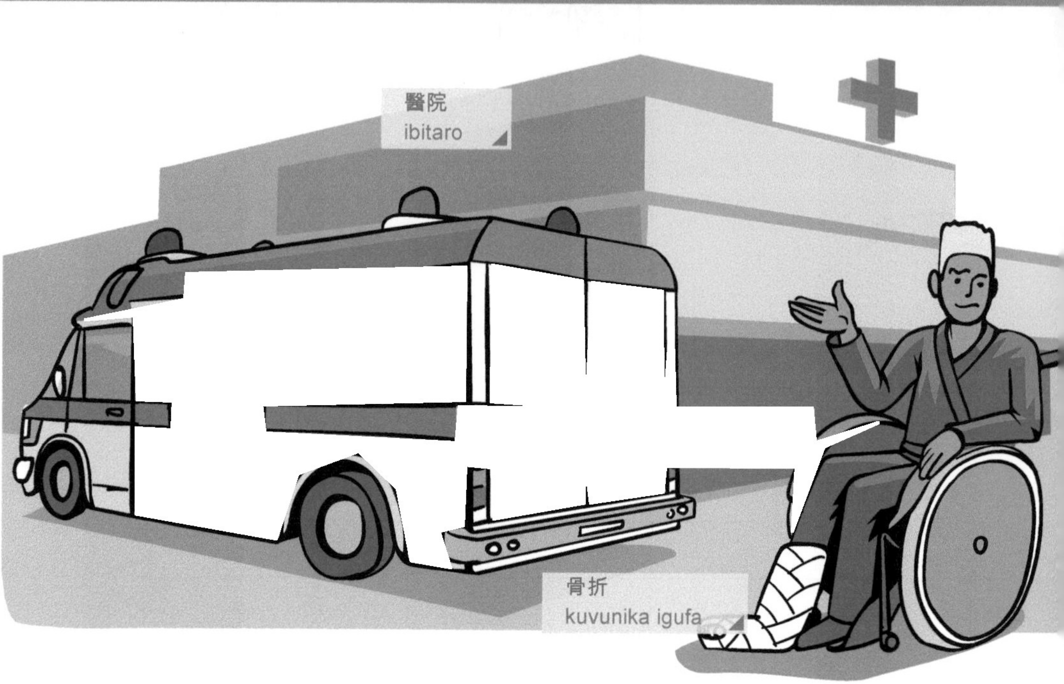

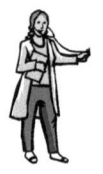

醫師

muganga

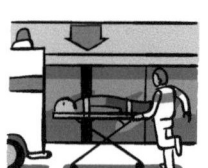

急診室

icyumba k'indembe

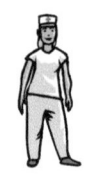

護理師

umuforomo kazi

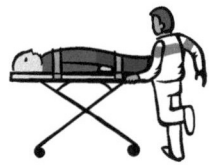

緊急情形

mu ndembe

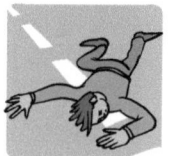

昏迷

guta ubwenge

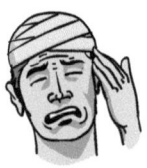

痛

ububabare

受傷
igikomere

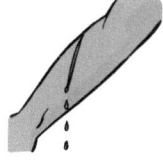

出血
kuva amaraso

心臟病發作
gufatwa n'umutima

中風
kuziba k'udutsi two mu bwonko

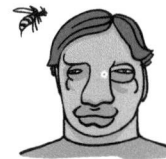

過敏
kwivumbura k'umubiri

咳嗽
inkorora

發燒
umuriro

流感
ibicurane

腹瀉
impiswi

頭痛
kurwara umutwe

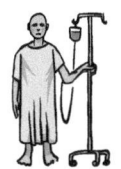

癌症
kanseri

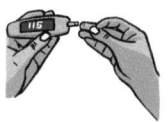

糖尿病
diyabete

外科醫師
muganga ubaga

手術刀
icyuma kibaga umurwayi

手術
kubagwa

電腦斷層掃描

ifoto yo mu cyuma

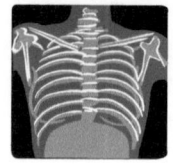

X光

radiyo

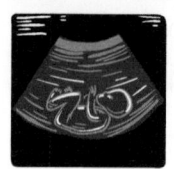

超音波

isuzuma rikoresha amajwi

口罩

agapfukamunwa

疾病

indwara

候診室

icyumba bategererezamo

拐杖

imbago yo kwicumba

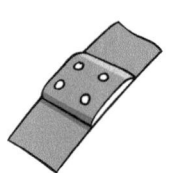

石膏

pasema

繃帶

igipfuko

注射

urushinge

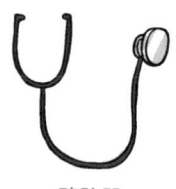

聽診器

igipimo cy'umutima

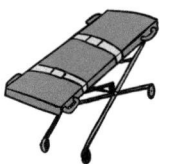

擔架

burankari

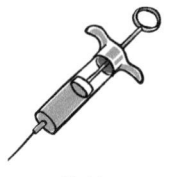

體溫計

igipimo cy'umuriro

出生

ivuka

超重

umubyibuho ukabije

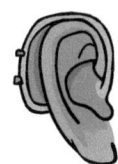

助聽器

nyunganirangingo y'amatwi

消毒液

umuti wica mikorobe

感染

ubwandu

病毒

virusi

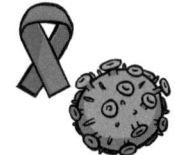

愛滋病

Virusi itera sida / Sida

藥物

ubuganga

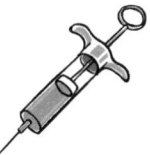

接種疫苗

gukingira

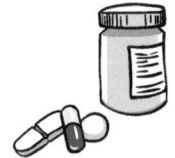

藥片

ibinini

藥丸

ikinini

急救電話

guhamagara byihutirwa

血壓計

igenzura ry'umuvuduko w'amaraso

生病/健康

urwaye / ufite amagara meza

救命！
Ntabara!

警報
inzogera itabaza

突擊
gusagarira

攻擊
igitero

危險
icyateza amakuba

緊急出口
umuryango unyuramo ukiza
amagara

失火了！
Inkongi!

滅火器
ikizimyamuriro

意外
impanuka

急救箱
ibikoresho by'ubutabazi
bw'ibanze

呼救訊號
induru itabaza

員警
polisi

歐洲

Uburayi

北美洲

Amerika y'Amajyaruguru

南美洲

Amerika y'Amagepfo

非洲

Afurika

亞洲

Aziya

澳洲

Ositarariya

大西洋

Atalantika

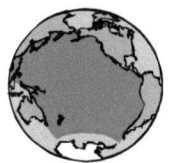

太平洋

Oasifika

印度洋

Inyanja y'Abahinde

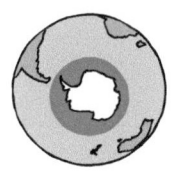

南冰洋

Inyanja y'Antagitika

北冰洋

Inyanja y'Arigitika

北極

Amajyaruguru y'Isi

南極
Amagepfo y'Isi

南極洲
Antaragitika

地球
Isi

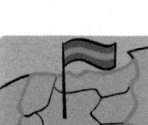

陸地
ubutaka

海
ikiyaga

島
ikirwa

國家
igihugu

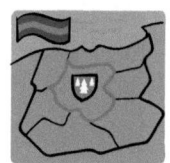

州
Ieta

錶盤
kadere y'isaha

時針
urushinge rw'amasaha

分針
urushinge rw'iminota

秒針
urushinge rw'amasegonda

現在幾點？
ni isaha ki?

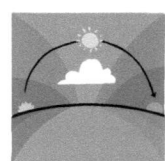

天
umunsi

時間
igihe

現在
nonaha

電子錶
isaha y'imibare

分
iminota

時
amasaha

icyumweru

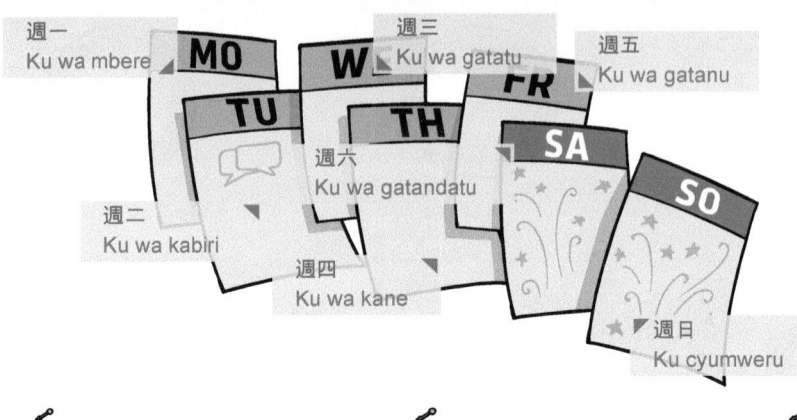

週一 Ku wa mbere
週二 Ku wa kabiri
週三 Ku wa gatatu
週四 Ku wa kane
週五 Ku wa gatanu
週六 Ku wa gatandatu
週日 Ku cyumweru

昨天

ejo hashize

今天

明天

ejo hazaza

早晨

igitondo

中午

saa sita

晚上

ku mugoroba

工作日

iminsi y'akazi

週末

wikendi

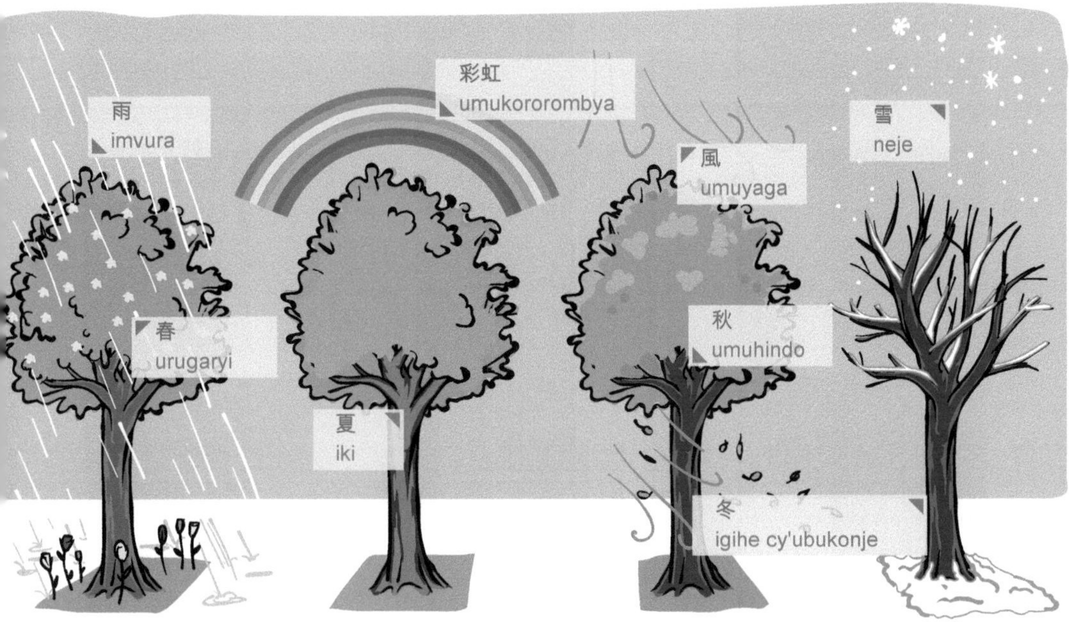

雨
imvura
彩虹
umukororombya
雪
neje
風
umuyaga
春
urugaryi
秋
umuhindo
夏
iki
冬
igihe cy'ubukonje

4.APRIL 11°
5.APRIL 4°
6.APRIL 13°
7.APRIL 8°
8.APRIL 10°

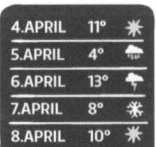

天氣預告

iteganyagihe

F C
120 40
90 30
60 20
30 10
0 0
-30 -10
-20

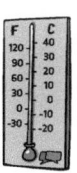

溫度計

igipimo cy'ubushyuhe

陽光

izuba rirashe

雲

ibicu

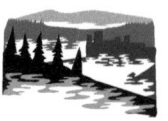

霧

ibihu

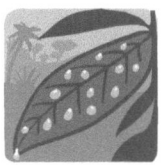

潮濕

ububobere

閃電

umurabyo

打雷

inkuba

風暴

umuhengeri

冰雹

urubura

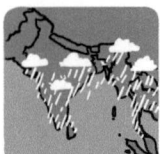

季風

imiyaga ihuha iturutse mu nyanja

洪水

umwuzure

冰

barafu

一月

Mutarama

二月

Gshyantare

三月

Werurwe

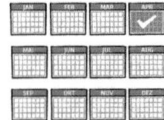

四月

Mata

五月

Gicurasi

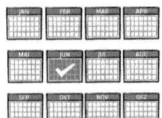

六月

Kamena

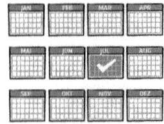

七月

Nyakanga

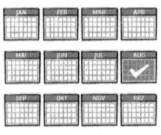

八月

Kanama

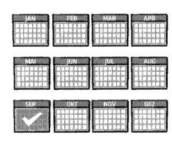

九月

Nzeri

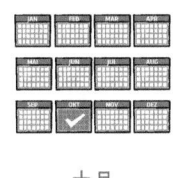

十月

Ukwakira

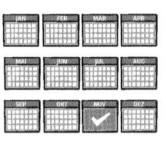

十一月

Ugushyingo

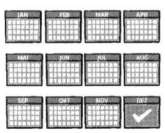

十二月

Ukuboza

圓形

uruziga

正方形

mpandenye

長方形

urukiramende

三角形

mpandeshatu

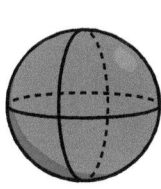

球體

umubumbe

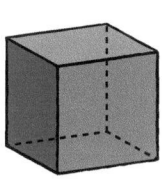

立方體

kibe

白
umweru

黃
umuhondo

橙
oranje

粉
iroza

紅
umutuku

紫
isine

藍
ubururu

綠
icyatsi kibisi

棕
igihogo

灰
ikigina

黑
umukara

很多/少許

byinshi / bike

生氣/平靜

urakaye / utuje

美/醜

mwiza / mubi

首/尾

intangiriro / impera

大/小

kinini / gito

明/暗

gikeye / kijimye

兄弟/姐妹

musaza / mushiki

乾淨/骯髒

gisukuye / cyanduye

完整/缺失

kirangiye / kitarangiye

白天/晚上

umunsi / ijoro

死/生

wapfuye / muzima

寬/窄

hagari / hafunganye

可食用/非食用

kiribwa / kitaribwa

邪惡/善良

umugome / ugwa neza

興奮/無聊

ushishikaye / warambiwe

胖/瘦

ubyibushye / unanutse

第一/最後

mbere / nyuma

朋友/敵人

inshuti / umwanzi

滿/空

cyuzuye / kirimo ubusa

硬/軟

gikomeye / cyoroshye

重/輕

kiremeye / kitaremereye

餓/渴

inzara / inyota

生病/健康

urwaye / ufite amagara
meza

非法/合法

kemewe n'amategeko /
kibujijwe n'amategeko

聰明/愚笨

umunyabwenge / igicucu

左/右

iburyo / ibumoso

近/遠

hafi / kure

新/舊

gishya / cyakoze

沒有/有些

nta kintu gihari / hari ikintu gihari

老/幼

ushaje / muto

開/關

atsa / zimya

打開/闔上

gifunguye / gifunze

安靜/吵鬧

ucecetse / usakuza

富/窮

ukize / ukennye

對/錯

ni byo / si byo

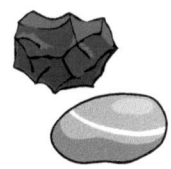

粗糙/光滑

hahanda / hahehereye

傷心/高興

urakaye / wishimye

短/長

mugufi / muremure

慢/快

urandaga / wihuta

濕/乾

utose / wumye

溫暖/涼爽

ashyushye / ahoze

戰爭/和平

intambara / amahoro

0

零
....
zeru

1

一
....
rimwe

2

二
....
kabiri

3

三
....
gatatu

4

四
....
kane

5

五
....
gatanu

6

六
....
gatandatu

7

七
....
karindwi

8

八
....
umunani

9

九
....
icyenda

10

十
....
icumi

11

十一
....
cumi na rimwe

12

十二
cumi na kabiri

13

十三
cumi na gatatu

14

十四
cumi na kane

15

十五
cumi na gatanu

16

十六
cumi na gatandatu

17

十七
cumi na karindwi

18

十八
cumi n'umunani

19

十九
cumi n'icyenda

20

二十
makumyabiri

100

百
ijana

1.000

千
igihumbi

1.000.000

百萬
miliyoni

英語

Icyongereza

美式英語

Icyongereza
cy'Abanyamerika

普通話

Igishinwa k'ikimandarini

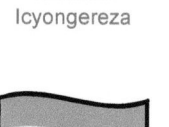

印地語

Igihindi

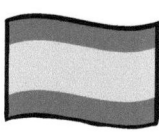

西班牙語

Ikesipanyoro

法語

Igifaransa

阿拉伯語

Icyarabu

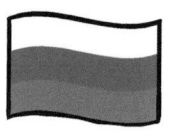

俄語

Ikirusiya

葡萄牙語

Igiporutigari

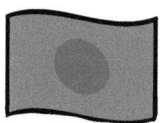

孟加拉語

Ikibengari

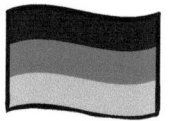

德語

Ikidage

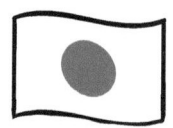

日語

Ikiyapani

我

ge

你

wowe

他/她/它

we / we / we

我們

twe

你們

mwe

他們

bo

誰？

nde?

什麼？

iki?

如何？

gute?

何處？

hehe?

何時？

ryari?

名字

izina

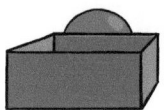

後面

inyuma

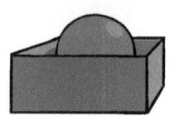

裡面

mo imbere

前面

imbere ya

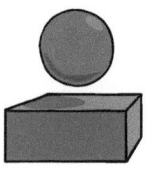

上方

hejuru ya

上面

kuri

下麵

munsi ya

旁邊

iruhande

中間

hagati

地點

ahantu